Herausgegeben von

Dr. Anton Magnus Dorn

(Kommunikator; Ehrenvorsitzender von TOP:
Talente e. V.; Kempten/Allgäu; dorn@toptalente.org)

Ulrich Fischer

(Leiter der Arbeitsstelle Katholische Hörfunk- und Fernseharbeit
der Deutschen Bischofskonferenz, Bonn; fischer@kirche.tv)

TOP: Talente e. V. Akademie für Film- und Fernsehdramaturgie;
c/o ifp, Kapuzinerstraße 38, 80469 München; mail@toptalente.org

Eine besonderer Dank an alle namentlich Beteiligten
enthält das erweiterte Nachwort auf www.toptalente.org

© Verlag Herder GmbH, Freiburg im Breisgau 2022

Alle Rechte vorbehalten

www.herder.de

Gesamtgestaltung: Sandra Hacke

Druck : PB Tisk, a. s., Příbram

Gedruckt auf umweltfreundlichem, chlorfrei gebleichtem Papier

Printed in the Czech Republic

ISBN 978-3-451-71625-6

DAS GLAUB ICH!
WAS GLAUBST DU?

Ein Inspirations- und Eintragebuch zum Glauben

Illustrationen von Christoph Mett

INHALT

Vorwort
8

Wie sieht **Gott** aus?
11

Warum **bete** ich?
17

Was ist **Beichten**?
23

Wie ist das mit dem **Himmel**?
29

Wie stellst du dir die **Hölle** vor?
35

Was steht in der **Bibel**?
39

Ist **Gott** immer bei mir?
45

Wer ist der **Papst**?

51

Gibt es **Wunder**?

57

Was bedeutet **Ostern**?

63

Wer war der heilige **Nikolaus**?

69

Engel, gibt es sie wirklich?

75

Welche Rolle spielt der **Teufel**?

79

Wie ist das mit dem **Tod**?

85

Warum ist **Vergebung** wichtig?

89

Nachwort

92

VORWORT

Einen guten Freund kann jeder brauchen, weil man ihm alles erzählen kann: ob du deinen Lehrer beim Nasebohren beobachtet hast, ob du der Erste im Wettlaufen warst oder dir jemand die Süßigkeiten weggenascht hat. Einem Freund oder einer Freundin kannst du vertrauen und alles anvertrauen.

Genauso ist es mit Gott. Er ist wie ein guter Freund. Er tröstet dich in guten und in schlechten Zeiten, weil du auch ihm immer alles erzählen kannst. Er ist immer da, zu jeder Tages- und Nachtzeit. Du musst dich nicht vor ihm schämen und kannst ihm alles gestehen. So stelle zumindest ich mir Gott vor.

Wie unterschiedlich aber die Vorstellungen von und über Gott sein können, erfährst du in diesem Buch. Dabei kommen nicht nur christliche Kinder zu Wort, sondern auch Kinder aus anderen Religionen. Du wirst feststellen, die Aussagen liegen manchmal sehr nahe beieinander. Und nicht nur bei Gott, sondern auch bei Himmel und Hölle, Teufel und Engel oder dem Papst. Die Gedanken dieser Kinder sollen dir Lust darauf machen, selbst über Gott und deinen Glauben nachzudenken. Wie stellst du dir Gott vor? Oder was weißt du eigentlich über Engel?

Du hast bei jeder Frage die Möglichkeit, selbst einzutragen, was deine Vorstellungen oder dein Wissen zu dem jeweiligen Thema ist. So kannst du selbst an dem Buch mitschreiben. Vielleicht magst du auch mit deinem besten Freund oder deiner Freundin darüber reden, was sie dazu meinen? Möglicherweise hat Gott bei dem anderen eine grüne Nase ... das wäre doch spannend! Übrigens, die Aussagen der Kinder, die in diesem Buch aufgeführt sind, stammen aus einer Webserie: „Kinder fragen nach dem lieben Gott". Darin unterhalten sie sich mit zwei Theologen (Gerd Decke und Sonja Stratmann) über ihre Ansichten. Wenn du neugierig bist und mehr wissen magst, dann schau dir die Serie an. Die Folgen sind auf YouTube (#Kinderfragennachdemlieben-Gott) online.

Ich wünsche dir viel Spaß und Inspiration beim Nachspüren über deinen Glauben!

Dein
Ulrich Fischer

WIE SIEHT GOTT AUS?

Wir alle kennen das Spiel „Denk nicht
an eine rosa Kuh" und schon hat man nichts
anderes im Kopf als eine rosa Kuh.
Wie also soll man sich kein Bild von Gott machen?
Wie stellst du dir Gott vor?

Ich stelle mir Gott so vor, dass er nicht auf einer Wolke steht, wie sich das meine Freunde vorstellen, aber irgendwie denke ich mir, dass Gott die Wolke ist.

… dass er halt nicht sichtbar ist, aber trotzdem da ist, also überall.

Ich denke, dass Gott eine ganz große Kraft ist, die alle Menschen liebt, und dass es eigentlich nur einen richtigen großen Gott gibt; dass man ihn in den verschiedenen Ländern einfach nur verschieden bezeichnet und nennt.

> Ich glaube, wir merken gar nicht, dass er uns geholfen hat, wir denken, das passiert von allein. Aber ich glaube, dass er uns immer hilft, wenn wir richtig Hilfe brauchen.

… mit Flügeln, mit so einem Ring um den Kopf.

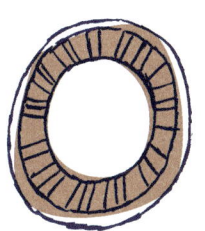

> … und, dass er so sehr hell ist, wenn man ihn anguckt, dass man vielleicht fast so wie verliebt wird direkt.

Hast du eine Vorstellung von Gott?

....

....

....

....

....

Wie sieht Gott für dich aus?

....

....

....

....

Wo wohnt Gott?

....

....

....

....

....

Wie lässt man Gott in sein Herz und in sein Leben?

....

....

....

....

....

WARUM BETE ICH?

**Ist Beten das Gleiche wie Wünschen?
Und wieso muss man nicht unbedingt beten,
damit Gott handelt? Wofür darf man beten?
Und welche Bedeutung hat Beten für dich?**

Also Beten bedeutet mir auch Zuversicht, weil Gott eben auf mich schaut, und durchs Beten merkt man auch wirklich, dass er da ist und mich beschützt.

Ich bete schon, aber halt nicht so oft, weil ich auch das Gefühl habe, dass man nicht unbedingt beten muss. Weil man die ganze Zeit auch ein Teil von Gott in sich trägt, also man weiß, dass man schon direkt 'ne Verbindung hat und quasi nicht unbedingt beten muss, also.

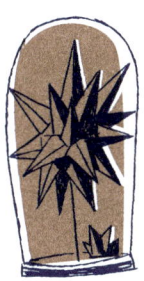

> Also z. B. ist einmal mein Hund weggelaufen und er ist nicht wiedergekommen. Da habe ich Gott gebitten, ja bitte, dass er wieder zurückkommt. Und am nächsten Tag ist er wieder zurückgekommen.

Wenn man an Gott glaubt, macht es eigentlich schon Sinn: weil man bittet ihn ja praktisch darum. Und wenn mich einer meiner Freunde auch um was bittet, mach' ich es. Zum Beispiel, kannst du mir einen Radiergummi ausleihen? – Ja, klar.

> Ich hab' mal gebetet, dass ich 'ne Sechs würfele, aber es ist 'ne Eins geworden. Und ich glaub' aber nicht, dass man Gebete so nutzen sollte. Ich glaub', die sind wirklich für bessere Sachen da.

Hast du schon mal mit Gott gesprochen?

....

....

....

....

....

Kannst du dir vorstellen, warum Menschen beten?

....

....

....

....

....

Weißt du, dass du mit Gott über alles sprechen kannst?
Wofür hast du schon mal gebetet?

....

....

....

Kennst du sonst noch Situationen in deinem Alltag,
wo du regelmäßig betest?

....

....

....

....

WAS IST BEICHTEN?

Ob alles wieder gut ist, wenn man zugegeben hat, dass man einen Fehler gemacht hat, und ob Beichte in den Beichtstuhl gehört … Und zieht man dabei eigentlich den Hut vor Gott?

Man setzt sich in den Beichtstuhl und erzählt dem Priester (oder so) halt Sachen, die man sich von der Seele reden will. Und man will, dass Gott einem verzeiht dafür und dann muss man das auch im Gebet sagen – glaube ich.

Äh, es ist quasi so ein Schritt Vertrauen, wenn man etwas beichtet: Man gibt zu, dass man Mist gebaut hat.

Also Beichte ist echt eine Chance, sich mit Gott zu versöhnen. Und ihm zu sagen, was man eben nicht so gut gemacht hat. Wenn man sich zum Beispiel gestritten hat, man dann auch den Mut hat, sich mit der Person wieder zu versöhnen.

Wenn man eine Sünde oder einen Fehler macht, dann beichtet man und bittet um Vergebung. Dann vergibt natürlich Gott immer, egal was es war. Und dann ist alles wieder geklärt und alles ist wieder gut.

Ich find's eigentlich gut, weil man ja auch vor Freunden mal was beichten muss. Oder vor anderen Menschen. Und dass man vor Gott einfach quasi den Hut zieht und sagt: „Ich hab' was falsch gemacht." Und man weiß, okay, ich hab' das jetzt von der Seele. Ich hab' was falsch gemacht, aber jetzt ist es auch wieder gut. Ich kann jetzt wieder nach vorne blicken – genau.

Weißt du, was Beichte ist?

....

....

....

....

....

Und was passiert, wenn du um Vergebung bittest?

....

....

....

....

....

Hast du dir schon mal in der Beichte den Mut geholt, dich wieder zu versöhnen?

WIE IST DAS MIT DEM HIMMEL?

**Der Himmel ist blau, und wie ist er noch?
Ist der Himmel eine andere Welt? Ein Ort, wo
es ganz anders zugeht als auf der Erde? Kommen
die Menschen nach dem Tod dorthin? Und wie
mag es denn wohl im Himmel sein, kann
man da auch spielen?**

Wenn man gerade Lust hat, einfach nur zu liegen, dann legt man sich irgendwo hin und kann liegen. Oder wenn man Lust hat, mit Freunden zu spielen, die vielleicht auch schon im Himmel sind, kann man ja auch mit den Freunden spielen. Vielleicht Brettspiele.

Ich denke schon, dass Tote dann in den Himmel gehen und dann da machen können, was sie wollen.

Ja, also es kommt darauf an, wie die Person war. Wenn es so eine böse ist, kommt sie irgendwo an einen schlechten Ort, wenn sie eine gute Person war, kommt sie wahrscheinlich in den Himmel.

Ich glaube, wenn wir begraben werden bei einer Beerdigung, dort dann die Seele in den Himmel aufsteigt.

Die Erde in Wolken nachgestellt. Also alle Häuser sind gleich, nur auf Wolken, und wir leben dann da.

Im Himmel wird es fröhlich sein, sie können über ihre Familie wachen und den Schutzengel spielen.

Mit ganz vielen Engeln und dass es da immer schön ist und niemals Streit ist.

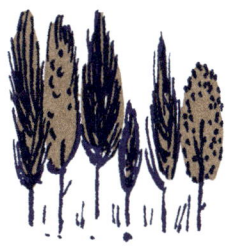

Wie stellst du dir den Himmel vor?

....

....

....

....

....

Denkst du, dass Menschen dort auch nach ihrem Tod sind?

....

....

....

....

....

Was denkst du, was nach dem Tod passiert?

....

....

....

....

Kommen alle Menschen in den Himmel, wenn sie gestorben sind?

....

....

....

WIE STELLST DU DIR DIE HÖLLE VOR?

Himmel oder Hölle? Was ist der Unterschied? Welche Farbe hat die Hölle? Ist es dort hell oder dunkel? Und wer ist dort?

Hat man was Gutes getan,
steigt die Seele in den Himmel,
hat man Schlechtes getan,
steigt die Seele in die Hölle.

Ich stelle mir vor, dass es dort schlimm ist, dass dort das Licht mehr rötlich ist.

Voller schlechter Leute, die schlechte Dinge getan haben.

Sehr viel Rot auf jeden Fall.
Da sind ganz viele Teufel.

… dass da die Bösen reinkommen,
weiß ich nur.

Was denkst du, wie es in der Hölle ist?

....

....

....

....

....

Gibt es auch eine Hölle auf der Erde?

....

....

....

....

....

WAS STEHT IN DER BIBEL?

In 704 Sprachen gibt es eine vollständige
Übersetzung der Bibel. In ihr werden
viele Geschichten, Gleichnisse und Ereignisse
erzählt. Aber wieso ist sie so wichtig?
Was genau steht darin?
Und welche Inhalte sind besonders?

> Die Bibel? ... dass sie ganz viele Seiten hat ... Und dass es halt was Wichtiges ist, dass da auch die Gesetze der Religion drinstehen oder so was.

> Es gibt das Neue und das Alte Testament: Das Alte ist eher aus vor dem Leben von Jesus und das Neue ist eher die Geschichte von Jesus und auch danach, was die irgendwann gemacht haben.

> Ich glaube, Gott hat Adam erschaffen. Dann dachten sie, hä, der ist ja ganz allein. Dann wurde Eva aus der Rippe von ihm gemacht. Dann haben sie irgendwie vom Apfelbaum gegessen.

> Berichte quasi über die Leute, die mit Jesus oder Gott in Kontakt gewesen sind.

Die Weihnachtsgeschichte gefällt mir sehr gut. Also die Geburt Jesu. Es gab eine Volkszählung und da sind Josef und Maria, glaube ich, hießen die, die mussten wieder ins Land, wo sie geboren wurden, weil da die Volkszählung war. Aber dann war sie halt schwanger und haben dann bei ganz vielen Häusern geklopft …

… und niemand wollte ihnen einen Unterschlupf geben. Da sind sie in einen Stall gegangen. Dort hat sie Jesus geboren. Dann kamen die Heiligen Drei Könige und haben denen Geschenke gebracht. Es ist irgendwie sehr schön zu sehen, wie alle Engel kommen, wie er geboren ist, und die dann singen.

> Also ich fühle mich so, als würde ich dabei sein und mich mitfreuen können, dass ich einfach so das Gefühl habe, das stimmt, und ich weiß, ich kann die Sicherheit haben.

Was weißt du über die Bibel?

....

....

....

....

Weißt du sonst noch was aus der Bibel?
Oder kannst du was zur Bibel erzählen?

....

....

....

....

Gibt es eine Geschichte aus der Bibel, die dir besonders gut gefällt?

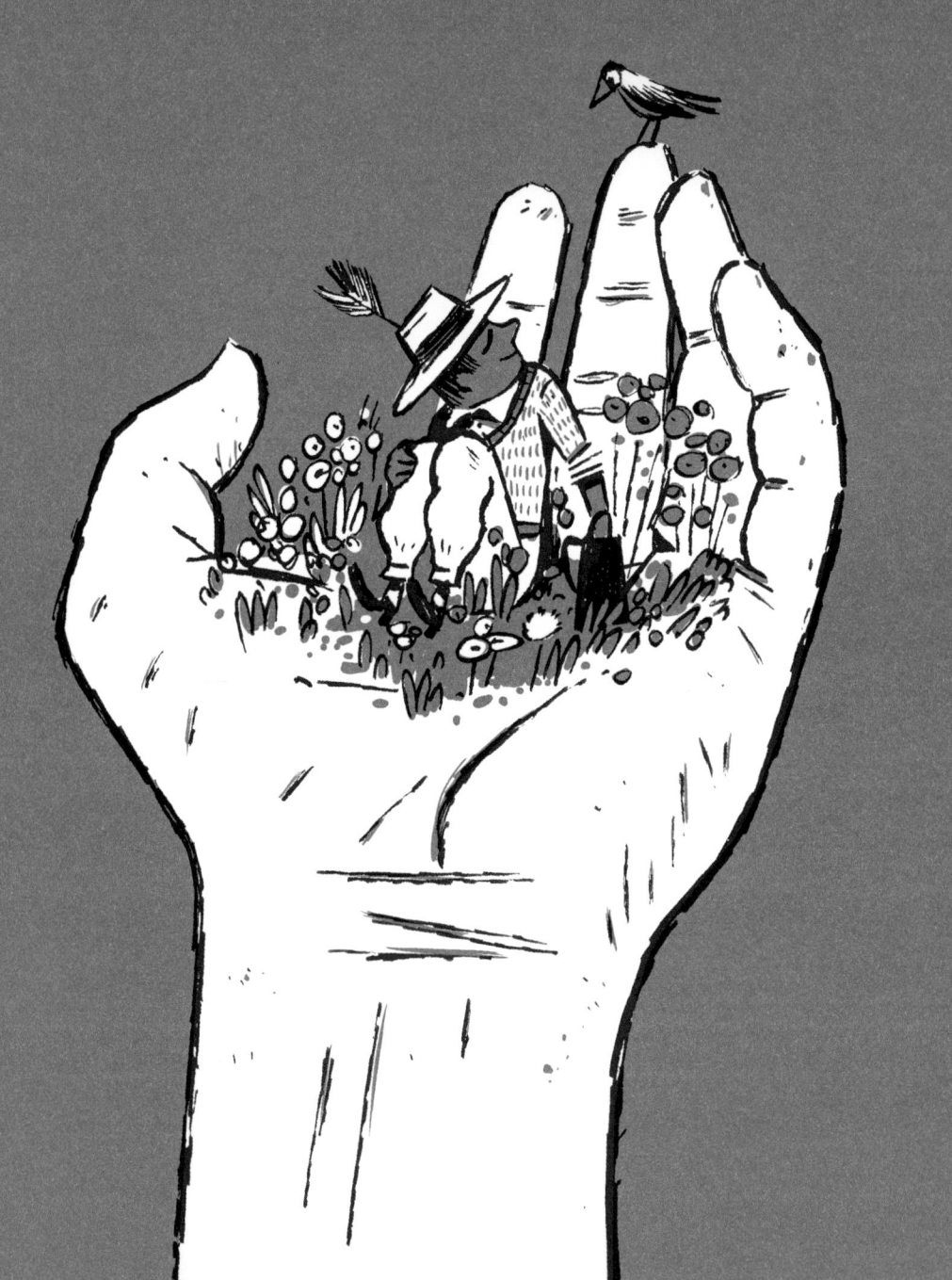

IST GOTT IMMER BEI MIR?

**Gott ist überall, ist er dann auch immer
bei mir? Und kann man sich mit Gott wohlfühlen,
oder wie geht das? Was macht Gott eigentlich
so alles? Und was tut er für mich?**

Alles ist so magisch, dass es die Welt gibt ... Es wird ja immer gesagt, und ich glaube das auch, dass Gott jeden Menschen liebt.

Er hilft mir in manchen Situationen oder er hört auch zu, wenn ich bete. Und allgemein auch, er hilft mir bei Sachen ...

Sehr, sehr groß. Dass er sehr leuchtet. Dass man sich direkt in seiner Gegenwart wohlfühlt ... Ja, wenn wir zum Beispiel etwas brauchen, dass er uns durch andere Menschen hilft, dass die für uns sozusagen Wunder vollbringen.

> Für mich ist Gott so etwas wie eine Kraft, dass man sicher sein kann, dass er da ist. Und auch so etwas wie Energie. Die ganze Welt ist voller Energie. In der Geschichte, als Jesus zur Welt kommt, kommen auch ganz viele Leute und freuen sich.

Aber was ich mich frage, dass Gott überall sein kann … aber wie? … alle angucken kann.

> Ich glaube, dass er wirklich alles machen kann. Er auch weiß, was gut ist und was nicht so gut ist.

Wenn du Gott beschreiben müsstest, wie würdest du das tun?

....

....

....

....

....

Kannst du dir vorstellen, dass Gott durch andere Menschen hilft?

....

....

....

....

Wie ist Gott für dich?

Glaubst du, Gott ist überall?

WER IST DER PAPST?

Wie sieht er aus? Wo wohnt er eigentlich,
und ist er der reichste Mensch auf Erden?
Ist der Papst ein Vorbild für uns?

Der Papst ist nicht sehr groß, hat eine Halbglatze, graue Haare und meistens ein weißes Kleid an und so ein Ding auf dem Kopf.

Er ist der Stellvertreter von Gott auf der Erde. Also jedenfalls bei den Evangelen ist es so, dass Gott die höchste Macht ist und deswegen ist es noch mal ein Unterschied. Was ich aber auch eigentlich cool finde, wenn man das so vergleichen kann.*

* Der Papst ist Chef der römisch-katholischen Kirche. Die Katholiken sehen in ihm einen Nachfolger von Petrus. Deshalb ist einer seiner Titel: „Stellvertreter Christi".

… für den Papst ist immer ein eher größeres Haus vorgesehen und er hat sich dafür entschieden, nicht da zu wohnen und eher in einer kleineren Wohnung auch mit den anderen Bischöfen zu leben. Es ist ganz lustig, wenn alle *Celebrities* immer mit ihren Limousinen und so kommen, dann kommt der Papst immer mit seinem kleinen Papa-Mobil, und da sieht man auch, dass er eher nicht so auf Reichtum schaut.

Das ist auch ein christlicher Mensch. Es gibt nur einen davon und wenn der stirbt, kommt halt ein anderer.

Wer ist der Papst, was weißt du über ihn?

Weißt du, wer gerade Papst ist und wie er heißt?

....

....

....

....

....

Was macht der Papst alles? Welche Aufgaben hat er?

....

....

....

....

....

GIBT ES WUNDER?

**Wunder? Was ist das eigentlich genau?
Und gibt es so was heute auch noch?
Oder ist das alles von gestern? Wie stellst
du dir Wunder vor und in welchen
Situationen warst du verwundert?**

Einfach, dass plötzlich oder unerwartet etwas geschieht, das einem guttut. Also dass etwas unerwartet Gutes passiert.

Ich glaube, dass Gott mit allem zu tun hat. Weil, ich finde halt, dass er alles ist und deshalb hat er, glaube ich, mit Wundern und so was zu tun, ja.

Also ein Wunder ist halt etwas, was eigentlich unmöglich ist. Wenn eine Person das dann machen kann, ist das ein Wunder.

Wunder ist, wenn etwas ist, was ich gar nicht geglaubt habe. Zum Beispiel, wenn ein Stein von 30 Meter auf den Kopf fällt, dann ist es ein Wunder, dass er überlebt hat. Ein Wunder ist etwas Besonderes, was nicht oft passiert.

Wenn jemand schwer krank ist und die Ärzte keinen Ausweg mehr finden und er dann doch geheilt wird. Es gibt natürlich Wunder.

Glaubst du, dass heute noch Wunder passieren?

....

....

....

....

....

Und glaubst du auch, da hat Gott was mit zu tun?

....

....

....

....

....

Kennst du besondere Wunder? Was bedeutet für dich Wunder?

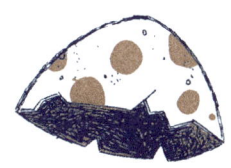

WAS BEDEUTET OSTERN?

**Jedes Jahr wieder feiern wir Ostern.
Woher kommt das und was weißt du darüber?
Und wie passt da der Osterhase rein?
Hast du eine Ahnung, was Auferstehung
bedeutet?**

Jesus ist am Kreuz gestorben und dann ist er drei Tage später an Ostern vom Tod aufgewacht, also auferstanden. Und das feiern wir alle Christen an dem Tag. Und dass Gott so eine große Macht hat, dass man auch vom Tod auferstehen kann.

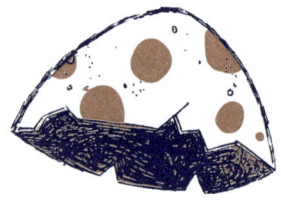

Ich weiß schon, dass an Ostern immer meine Eltern das machen.

Da ist ein Hoppelhase, der Ostereier legt. Ich wusste gar nicht, dass Hasen Eier legen können. Die sind meistens bunt und die soll man dann suchen gehen. Ich weiß aber nicht warum. Weil die Kinder vielleicht Spaß haben oder so was.

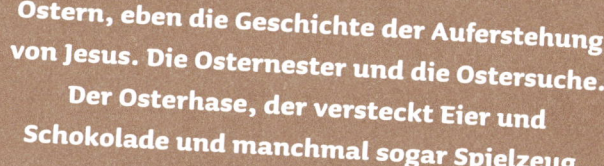

Ostern, eben die Geschichte der Auferstehung von Jesus. Die Osternester und die Ostersuche. Der Osterhase, der versteckt Eier und Schokolade und manchmal sogar Spielzeug.

Im Buddhismus glaubt man ja, dass man neu geboren wird als irgendwas anderes, also z. B. als Tier oder so. Aber ich hoffe, ich werde nicht neu geboren, weil ich will nicht noch weiter den Klimawandel erleben und so. Also will ich einfach … hopp.

Der Osterhase ist eher eine Tradition. Die Auferstehung hat für mich eher was mit dem Glauben zu tun.

Was fällt dir zu Ostern als Erstes ein?

....

....

....

....

....

Was hat der Osterhase mit Ostern zu tun?

....

....

....

....

Wie stellst du dir die Auferstehung vor?

....

....

....

....

....

Wie feierst du Ostern?

....

....

....

....

....

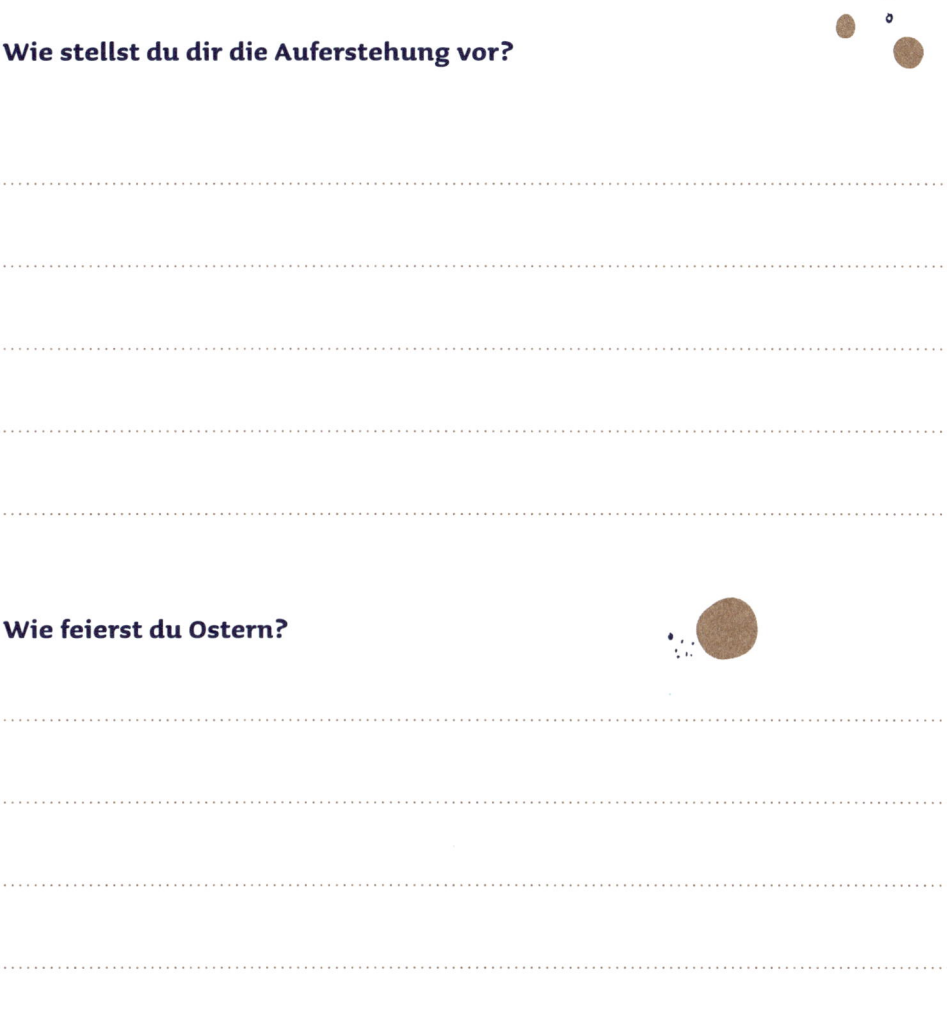

WER WAR DER HEILIGE NIKOLAUS?

Warum war Nikolaus besonders? Und wie feiern wir heute noch sein Andenken? Was hältst du von Heiligen und Tradition?

Also er bringt Geschenke und sagt auch gute Sachen, damit die Kinder sich auch gut benehmen.

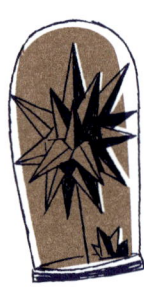

Ich glaube, dass er heilig war. Er hatte immer so einen Stab in der Hand und ich glaube, er hat Leute auch gesegnet.

Man muss seine Schuhe putzen, damit der Nikolaus was reinlegt … Ich hatte ein Buch drin und Süßigkeiten.

… dass, er Sachen in die Schuhe bringt, wenn man die putzt. Ich glaube eigentlich, dass das meine Eltern sind.

Er kommt immer am 6. Dezember, das ist eine Tradition … Er hat immer sehr vielen Leuten geholfen.

Ich glaube, dass er ein Vorbild ist, weil es eben wichtig ist, anderen Leuten zu helfen.

Geschätzt von den Menschen und auch etwas Besonderes und so was.

Was weißt du über Nikolaus?

....

....

....

Und warum hat der wohl einen besonderen Tag verdient?

....

....

....

Was bedeutet heilig?

....

....

....

Nikolaus war tatsächlich etwas Besonderes. Er stammte aus Myra, heute heißt die Stadt Demre und liegt in der Türkei. Nikolaus war Bischof. Er trug eine Bischofsmütze, Mitra genannt, und einen Krummstab. Und er hat vielen Menschen geholfen. Deshalb sind viele Geschichten über ihn entstanden. Eine davon erzählt von der Hungersnot einer Stadt. Da hat er dafür gesorgt, dass ganz viel Korn herankam, die Leute es teilten und wieder Brot backen konnten und zu essen hatten. Dafür sind die Leute dem Nikolaus sehr dankbar gewesen.
Kannst du dir vorstellen, warum wir heute noch den Nikolaus-Tag feiern?

ENGEL, GIBT ES SIE WIRKLICH?

**Glaubst du, dass es Engel gibt?
Wie stellst du dir einen Engel vor?
Flügel, weiße Kleider, Heiligenschein?
Und wann braucht es einen Schutzengel?
Hattest du schon mal das Gefühl,
einen Schutzengel zu haben?**

Dass man weiß gekleidet ist. Also vielleicht so ein weißes Kleid anhat oder einfach so eine weiße Hose, ein weißes T-Shirt anhat und einen Heiligenschein hat, weiße Flügel und immer lächelt. So stelle ich mir einen Engel vor.

Ein Engel, der einen vielleicht beschützt, und noch ein Engel, der auf der Schulter sitzt und alles aufschreibt, was du sagst.

In der Grundschule haben wir ganz viel über Engel geredet. Was sie sind, also vielleicht die Toten oder die Helfer von Gott, keine Ahnung. Irgendwie habe ich mal im Internet nachgeguckt, aber da war das anders als das, was die uns in der Grundschule erzählt haben. Und jetzt weiß ich nicht …

Als ich 6 war, da war ein Autounfall. Also ich habe den Bus gesehen und bin auf die Straße gerannt … Dann wurde ich vom Auto angefahren und dann ist der Krankenwagen gekommen und zum Glück ist nichts Schlimmes passiert. Ich glaube, da haben mich Gott und mein Schutzengel beschützt.

Hast du schon mal das Wort Schutzengel gehört?

....

....

....

....

....

Hattest du schon mal das Gefühl, dass du einen Schutzengel brauchst?

....

....

....

....

WELCHE ROLLE SPIELT DER TEUFEL?

Gut und Böse, kann das eine ohne das andere sein? Und wie ist das dann mit Gerechtigkeit? Der Teufel gilt als Inbegriff alles Bösen. Aber gibt es ihn tatsächlich?

Ich glaube, dass es ohne den Teufel auch nicht so funktionieren würde, weil wenn es nicht eine gute und eine böse Seite gäbe, dann könnte man die gute von der bösen Seite gar nicht unterscheiden.

Ich glaube, dass es den Teufel gibt und dass er in jedem von uns ist.

Kein Mensch ist perfekt. Und deswegen ist ein bisschen Böses auch in jedem Menschen drin. Aber dafür ist auch in jedem Menschen auch ein Teil von Gott. Jeder Mensch hat etwas Gutes oder Böses.

> Nehmen wir mal an, ein Typ, der irgendjemand Liebes getötet hat, kommt in die Hölle und wird übelst bestraft. Das feiere ich auch. Nicht feiern, aber ich finde es Gerechtigkeit.

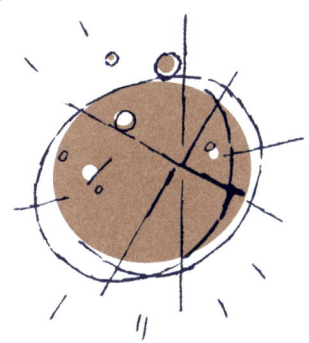

Also man sollte gute Sachen machen und keine Bösen. Das kann man ja kontrollieren – eigentlich. Aber manchmal will man das einfach gar nicht richtig machen. Aber man macht es und denkt nicht richtig nach – und danach bereut man es wieder.

> Die Welt wird ja nie ganz gut sein. Es wird immer ein paar Menschen geben, die dagegen sind aus irgendeinem Grund.

Was hast du vom Teufel gehört?

....

....

....

....

....

Wie kann man verhindern, dass das Böse zu stark wird?

....

....

....

....

....

In der Bibel steht: Das Böse, das ich nicht will, das tue ich, und das Gute, dass ich tun will, das tue ich nicht. Ist dir das schon mal passiert?

WIE IST DAS MIT DEM TOD?

Hast du den Tod schon mal erlebt, und wie ist er dir begegnet? Was passiert nach dem Tod? Ob der Mensch in den Himmel kommt, als Engel über die Lebenden wacht oder in die Hölle fährt und dort leidet: Es gibt ganz unterschiedliche Vorstellungen darüber. Wie sind deine Gedanken dazu?

Also nach dem Tod stelle ich mir eigentlich nur schwarz vor. Dass man einfach in Frieden ruht. Vielleicht kommt man ja tatsächlich in den Himmel oder in die Hölle.

Ich glaube, da passiert gar nichts. Die sind dann einfach tot.

Zum Glück war ich bisher nur bei einer Beerdigung dabei. Bei meinem Bruder, der ist gestorben, als ich 1 Jahr war, er war da 3. Ich habe das nicht so richtig mitgekriegt. Das war bisher die einzige Beerdigung, bei der ich dabei war.

Da waren so zwei Leute, die den Sarg getragen haben, und einer, der gesprochen hat. Danach haben die den Sarg reingelegt in das große Ding, in das Loch in der Erde. Dann haben sie das wieder zugebuddelt.

Hast du schon mal über den Tod nachgedacht?

....

....

....

....

....

Warst du schon bei einer Beerdigung und kannst dich noch erinnern, wie das war?

....

....

....

....

WARUM IST VERGEBUNG WICHTIG?

Streit gibt es in den besten Familien und unter Freunden. Ob wegen Süßigkeiten, Spielzeug oder wer Erster sein darf – die Gründe können banal sein. Schön ist es, sich dann wieder zu versöhnen. Aber wie geht das? Und ist dann alles wieder gut?

Vergeben bedeutet, dass man nicht mehr aufeinander sauer ist, sondern dass man wieder zueinander nett ist. Also, wenn ich mich z. B. mit meiner Mutter streite oder so, dann will ich mich immer ganz schnell wieder vertragen, dass alles wieder gut wird.

Wenn es ein großer Streit und richtiger Streit ist, sollte man kleine Schritte machen, und dann verträgt man sich irgendwann wieder.

Manchmal sind meine Freunde und ich nicht immer gleicher Meinung.

In der Grundschule hatten wir mal verschiedenen Nachtisch und dann haben wir uns fast alle in der Reihe gestritten, wer welchen bekommt. Und dann hat jeder gesagt, wer was will, und dann haben wir es gegeben und getauscht, eben Kompromisse gefunden.

Weißt du, was Vergeben heißt?

....

....

....

....

....

**Hast du denn manchmal auch Probleme mit deinen Freunden?
Und wie kommt ihr dann wieder zueinander?**

....

....

....

....

NACHWORT

Die Frage nach dem lieben Gott beschäftigt mich schon seit Kindertagen. Im Jahr 2016 ergab sich für den *Drehbuchautoren-Verein TOP: Talente* die Gelegenheit einer Serienproduktion im Internet, und spontan hatte ich die Idee: Warum diese Frage nicht zum Thema machen? Ich ahnte damals nicht, dass mich dieses Projekt jahrelang beschäftigen und mit einem Buch enden wird. Hier mag ich euch kurz erzählen, wie es dazu kam.

Bevor wir die Serie produzieren konnten, war einige Vorarbeit zu leisten, aber nach über einem Jahr konnten wir endlich die erste Staffel aufnehmen. Acht Berliner Kinder unterschiedlicher Religionszugehörigkeit erzählten von ihren Vorstellungen von Himmel und Hölle, Engel und Teufel, Vergebung und Tod – und natürlich auch von Gott. Uns war es wichtig, keine Antworten vorwegzunehmen, die Kinder sollten ganz frei über all das reden. Die Reaktionen auf die Serie waren toll, und so wurde uns schnell klar: Es braucht eine zweite Staffel. Im Dezember 2020 ging sie mit der Frage zum Nikolaus an den Start, und inzwischen sind auch alle weiteren Folgen auf *katholisch.de* online.

Ich finde es spannend, dass die Antworten, die ja von Kindern mit christlichem, jüdischem und muslimischem Hintergrund gegeben wurden, sich kaum unterscheiden. In den wesentlichen Ansichten des Glaubens scheinen wir also übereinzustimmen. Das war für mich eine verblüffende Erkenntnis, die ich wichtig für den Religions- und Ethikunterricht finde.

Aus diesem Grund entschloss ich mich, die wesentlichen Aussagen in einem Buch zu bündeln. So könnt ihr euch selbst über euren Glauben Gedanken machen und zu eigenen Erkenntnissen gelangen. Dieses Buch haltet ihr nun in den Händen. Ich wünsche euch viel Spaß beim Lesen und Ausfüllen!

Und falls ihr neugierig geworden seid und noch mehr zu dem spannenden Projekt wissen möchtet, findet ihr weitere Informationen, wenn ihr dem QR-Code folgt. Dort erzähle ich euch mehr in einem erweiterten Nachwort. Gern beantworte ich auch Fragen an mich persönlich: dorn@toptalente.org.

Euer
Dr. Anton Magnus Dorn
(Ehrenvorsitzender TOP Talente e.V.)